BEI GRIN MACHT SICH IHR WISSEN BEZAHLT

Vergleichsanalyse zwischen kostenlose und kostenpflichtige Passwortmanager

Octavian Zaiat

Bibliografische Information der Deutschen Nationalbibliothek:

Die Deutsche Nationalbibliothek verzeichnet diese Publikation in der Deutschen Nationalbibliografie; detaillierte bibliografische Daten sind im Internet über http://dnb.d-nb.de abrufbar.

ISBN: 9783346494313
Dieses Buch ist auch als E-Book erhältlich.

Druck und Bindung: Books on Demand GmbH, Norderstedt Germany
Gedruckt auf säurefreiem Papier aus verantwortungsvollen Quellen

Das vorliegende Werk wurde sorgfältig erarbeitet. Dennoch übernehmen Autoren und Verlag für die Richtigkeit von Angaben, Hinweisen, Links und Ratschlägen sowie eventuelle Druckfehler keine Haftung.

Das Buch bei GRIN: https://www.grin.com/document/1133629

FOM Hochschule für Oekonomie & Management

Hochschulzentrum Frankfurt am Main

Berufsbegleitender Studiengang zum Bachelor of Science

Wirtschaftsinformatik

6. Semester

Seminararbeit

Vergleichsanalyse zwischen kostenlose und kostenpflichtige Passwortmanager

Autor: Octavian Zaiat

Abgabedatum: 27.07.2021

Inhaltsverzeichnis

Abbildungsverzeichnis

Tabellenverzeichnis

Abkürzungsverzeichnis

Abkürzung	Erklärung
AES	Advanced Encryption Standard
CSV	Comma separated values
FIDO	Fast ID Online
HTML	Hypertext Markup Language
IoT	Internet of Things
SMS	Short Message Service
U2F	Universal Second Factor

1. Einleitung

Die Zahl der Onlinediensten im Internet nimmt kontinuierlich zu. Um im Internet sicher und bequem einkaufen oder digitale Dienste nutzen zu können, ist ein sicheres und starkes Passwort unabdingbar. Die Tatsache, dass für jeden im Internet genutzten Dienst ein einzigartiges Passwort festgelegt werden muss, wird dies für die Menschen zu einer großen Herausforderung. Es ist praktisch unmöglich für Menschen, sich unzählige und komplexe Passwörter zu merken. Hinzu kommt, dass die Passwörter aus Zahlen, Buchstaben und Symbole bestehen und mindestens neun Zeichen lang sein sollen. Auch solche Passwörter sollten regelmäßig geändert werden. Daher hat die Relevanz von Passwortmanagern in letzter Zeit zugenommen. Sie sind aus heutigen Computern nicht mehr wegzudenken, denn sie leisten einen wesentlichen Beitrag zur Datensicherheit und sorgen für eine erhebliche Zeitersparnis.[1]

Eines ist klar, die Verwendung eines Passwortmanagers ist aus heutiger Sicht extrem wichtig. Die Wahl des richtigen Tools ist keine leichte Aufgabe, denn jede Software hat gewisse Vor- und Nachteile. Grundsätzlich stehen Passwortmanager in einer kostenlosen und kostenpflichtigen Form zur Verfügung. Es ist nicht in allen Fällen zwingend notwendig, den teuren Passwortmanager zu verwenden, denn kostenlose Passwortmanager bieten in der Regel die gleichen Funktionen und Sicherheitsverfahren. Daher gilt es einerseits zu analysieren, inwieweit kostenpflichtige Software besser als kostenlose sind. Andererseits muss analysiert werden, ob kostenlose Software in der Lage sind, Passwörter sicher und ohne Risiken zu speichern und zu verwalten.[2] Das Ziel dieser Arbeit wird darin bestehen, den Vergleich durchzuführen und die Frage zu klären, welche Art von Passwortmanager wirklich die beste Lösung ist.

---

[1] Vgl. norton.com (o.J), o.S
[2] Vgl. ionos.de (2018), o.S

2. Aufbau sicherer Passwörter

Die Anforderungen an den Aufbau von Passwörtern haben sich in letzter Zeit grundlegend verändert. Von kurzen und einfachen Passwörtern ist abzuraten, denn diese können direkt in die Hände von Cyberkriminellen geraten. Ein starkes Passwort muss eine zufällige Kombination aus Groß- und Kleinbuchstaben sowie Zahlen und Sonderzeichen enthalten und kann in der Regel nur von einem Passwortmanager gespeichert und verwaltet werden.[3,4]

Durch Beachtung der folgenden Standardtipps kann eine maximale Passwortsicherheit erreicht werden:[5]

- Jedes neu angelegte Passwort muss einzigartig und nicht in mehreren Diensten vorhanden sein
- Das Passwort sollte nicht leicht zu erraten sein
- Die Passwortlänge sollte mindestens neun Zeichen betragen
- Passwörter sollen regelmäßig aktualisiert werden
- Zwei-Faktor-Authentifizierung sollte bei Möglichkeit aktiviert werden
- Geburtsdaten, Vor- und Nachnamen, oder Namen von Familienmitgliedern, Haustieren und von besten Freunden sollten vermieden werden
- Folgen von Zeichen auf der Tastatur (wie z.B. QWERTZ) sollten nicht verwendet werden

2.1 Die Rolle des Masterpassworts

Die Verwendung des Passwortmanagers fordert den Benutzer auf, ein Masterpasswort zu erstellen. Dies ist das einzige Passwort, das sich der Benutzer merken muss, damit er auf alle anderen Passwörter zugreifen kann.[6] Es ist hierbei wichtig, die richtige Strategie zu finden, um Passwörter zu merken und aufzubewahren. Eine solche Strategie sieht so aus. Eine solche Strategie kann wie folgt aussehen:[7]

- Es wird nach einem langen, aber aussagekräftigen Satzes gesucht: „Meine Lieblingspizza besteht aus vier(4) Zutaten: Salami, Champignons, Schinken, Tomaten und extra(+) Käse!"

---

[3] Vgl. c't-Redaktion, c't Security, 2018), S. 87-88.
[4] Vgl. Buchmann, J., Einführung in die Kryptographie, (2016), S. 286
[5] Vgl. Bugiel, S. (2021), o.S
[6] Vgl. Braun, K., Dautermann, A., (2017), S. 16-17
[7] Vgl. Eckert, C. IT-Sicherheit, (2013), S. 471

- Aus jedem Wort wird der erste Buchstabe sortiert
- Die sortierten Buchstaben werden dann zusammengestellt, so dass das Master-passwort gebildet wird
- Bei der Zusammenstellung wird auf die Groß- und Kleinschreibung, sowie auf den Einbau von Symbolen und Zeichen geachtet
- Beispiel: MLba4Z:S,C,S,T+eK!

2.2 Cloud vs. lokal-basierte Passwortspeicherung

Bei der Speicherung von Daten ist zwischen der Offline und Online-Speicherung zu unterscheiden. Um die richtige Methode auszuwählen, müssen die Vor- und Nachteile betrachtet werden. Dies wird in der folgenden Tabelle dargestellt:[8]

---

[8] Vgl. Rück, C. (2020), o.S

4

Tabelle 1: Offline vs. Online-Passwortspeicherung

	Offline-Speicherung	Online-Speicherung
Vorteile	✓ Durch die lokale Speicherung können Daten durch Hackern nicht gestohlen werden ✓ Der Nutzer hat volle Kontrolle über seine Daten	✓ Die Daten sind auf jedem Gerät abrufbar ✓ Bequeme Nutzung, da sich der Anbieter um alles kümmert ✓ Die Passwörter können bei Verlust einfach wiederhergestellt werden
Nachteile	✗ Die Passwörter müssen manuell synchronisiert werden ✗ Bei Verlust oder Beschädigung des Geräts gehen alle Passwörter verloren ✗ Die Daten können nicht auf andere Geräte abgerufen werden	✗ Daten liegen auf externen Servern ✗ Der Nutzer hat keine volle Kontrolle über seine Daten ✗ Bei fehlender Internetverbindung sind die Daten nicht verfügbar ✗ Bei technischen Pannen des Dienstes kann auf die Daten nicht zugegriffen werden

Quelle: Eigene Darstellung

Nach der Auflistung der Vor- und Nachteile in der Tabelle 1 stellt sich heraus, dass lokale Passwortmanager die bessere Wahl sind, wenn im Firmen- oder Privatumfeld nur wenige Geräte genutzt werden. Im Gegenteil, wenn verschiedene mobile Geräte verwendet werden, sind Cloud-basierte Passwortmanager um Einiges besser, da ihre Nutzung durch die automatische Synchronisation vereinfacht wird.[9]

---

[9] Vgl. Jäger, M., Schmitz, P. (2017), o.S

3. Kostenlose vs. kostenpflichtige Passwortmanager

In diesem Kapitel wird ein kostenloser mit einem kostenpflichtigen Passwortmanager verglichen. Der Vergleich soll klären, ob der Einsatz eines kostenpflichtigen Passwort-Managers die bessere Möglichkeit zur sicheren Speicherung von Passwörtern darstellt und ob ihre Nutzung tatsächlich zu empfehlen ist.

3.1 Vergleichskriterien

Für die Durchführung dieses Vergleiches werden die Passwortmanager KeePass und Keeper verglichen. Folgende Kriterien werden bei diesem Vergleich berücksichtigt:

- Sicherheit
- Zwei-Faktor-Authentifizierung
- Passwortgeneratoren
- Einrichtung
- Benutzerfreundlichkeit
- Funktionsumfang
- Preis
- Support

3.1.1 KeePass

KeePass ist ein kostenloser Open-Source Passwortmanager, der die eingegebenen Datensätze in einer verschlüsselten lokalen Datenbank speichert. Zugriff zu dieser Datenbank wird durch die Eingabe eines vorher definierten Masterpassworts ermöglicht.[10]

KeePass verwendet ein symmetrisches AES 256-Bit-Verschlüsselungsverfahren. Zusätzlich zur Eingabe des Masterpassworts kann auch die Eingabe durch eine Schlüsseldatei oder das Windows-Benutzerkonto unterstützt werden, so wie in der Abbildung 1 dargestellt ist.[11]

---

[10] Vgl. Vilsbeck, C., Sternkopf, M. (2013), o.S
[11] Vgl. keepass.info (o.J), o.S

Abbildung 1: Screenshot – Zugriff zur verschlüsselten Datenbank

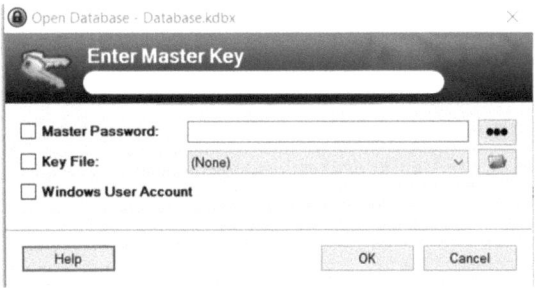

Quelle: Eigene Darstellung

Die Zwei-Faktor-Authentifizierung wird bei KeePass in Form einer Schlüsseldatei bereitgestellt. Diese wird zufällig erzeugt und auf einem USB-Stick abgelegt. KeePass verfügt über einen zuverlässigen Passwortgenerator, der starke und komplexe Passwörter erzeugen kann. Die Passwortstärke kann über zusätzliche Optionen eingestellt werden, so wie in der Abbildung 2 dargestellt ist.

Abbildung 2: Screenshot: Passwortgenerator

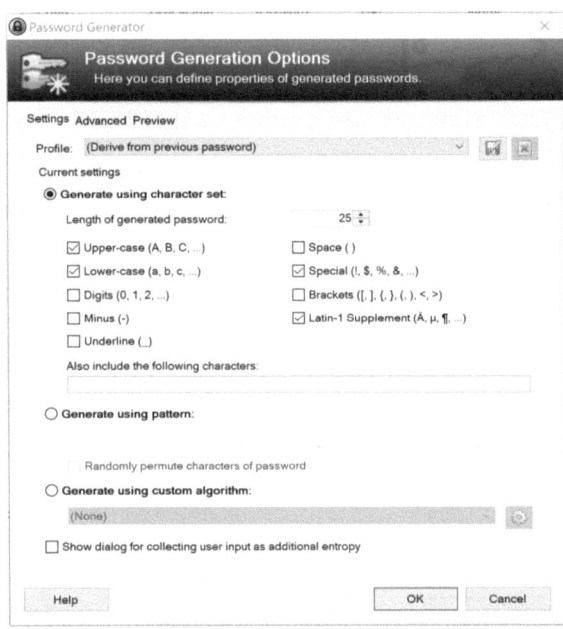

Quelle: Eigene Darstellung

Die Einrichtung des Passwortmanagers gestaltet sich insgesamt durch die notwendige Installation auf einem lokalen Computer aufwändiger im Vergleich zu Passwortmanager, die in der Cloud betrieben werden. Die Benutzerfreundlichkeit ist bei KeePass nicht besonders intuitiv. Die installierte Version bringt eine Benutzeroberfläche, die in keiner Weise für Benutzer optimiert ist, wie sie normalerweise in kommerziellen Passwortmanagern zu finden ist. Der Umfang der bereitgestellten Funktionen ist relativ klein, enthält aber Basisfunktionen, die von einem typischen Passwortmanager zu erwarten sind:

- Lock Workspace
- Import/Export der gespeicherten Datensätze als CSV-Dateien
- Automatisches Ausfüllen von Formularen
- Suchfunktion
- Synchronisation der Daten (nur über Plugins möglich)
- Verwaltung der Passwörter in Gruppen
- Kopieren der Daten durch Doppelklick in der Zwischenablage

Die Nutzung von KeePass ist kostenfrei und der Support wird hier nicht gewährleistet.

3.1.2 Keeper

Keeper ist ein Passwortmanager, der von vielen Unternehmen verwendet wird, um den Schutz persönlicher und geschäftlicher Daten sowie die Sicherheit von Finanzinformationen und andere sensible Daten durch starke Verschlüsselungsverfahren zu gewährleisten.[12] Die Datensicherheit basiert bei Keeper auf dem sog. Zero-Knowledge-Prinzip. Dies stellt sicher, dass der Softwareanbieter nichts über die in der Cloud gespeicherten Daten weiß.[13] Die Verschlüsselung der Daten wird mit dem starken AES 256-bit Algorithmus umgesetzt. In Puncto Zwei-Faktor-Authentifizierung beindruckt der Passwortmanager mit einem großen Angebot an Authentifizierungsverfahren durch einen zweiten Faktor. Es werden sowohl auf der Software als auch auf der Hardwareebene sichere und starke Verfahren unterstützt.[14] Eine Auflistung zu Authentifizierungsverfahren folgt im Unterkapitel 3.3.

Der verfügbare Passwortgenerator ist über die Browsererweiterung einfach zugänglich. Die maximale Länge eines generierten Passworts kann auf bis 100 Zeichen eingestellt

---

[12] Vgl. Gschwentner, M. (2020), o.S
[13] Vgl. Vollmer, J. (2018), o.S
[14] Vgl. keepersecurity.com (2021), o.S

werden. Darüber hinaus stehen weitere Optionen zur Auswahl, wie zum Beispiel die Übernahme von Zahlen, Buchstaben oder Symbole. Die Abbildung 3 zeigt den Passwortgenerator in der Browseransicht.

Abbildung 3: Screenshot - Passwortgenerator in Keeper

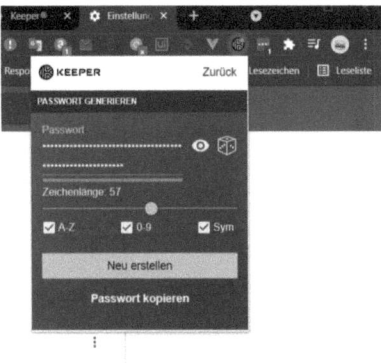

Quelle: Eigene Darstellung

Die Einrichtung ist sehr vereinfacht gehalten. Das Benutzerkonto kann in wenigen Schritten angelegt werden und es ist für die Nutzung dieses Dienstes keine Installation notwendig, da der Dienst in der Cloud angeboten wird. Keeper legt großen Wert auf eine hohe Benutzerfreundlichkeit. Die Browsererweiterung besitzt ein modernes Design, eine einfache Bedienung und ein intuitives Dashboard und sorgt damit für eine hohe Akzeptanz bei den Nutzern.

Abbildung 4: Screenshot – Browsererweiterung

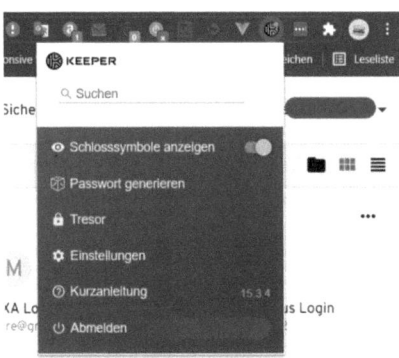

Quelle: Eigene Darstellung

Die Nutzung dieses Passwortmanagers bringt folgende nützliche Funktionen:

- Speicherung persönlicher Daten und Zahlungskarten
- Sicherheitsüberprüfung der gespeicherten Passwörter
- BreachWatch
  - eine kontinuierliche Vergleichung der Keeper-Datensätze mit einer Datenbank bekannter Datenpannen im Internet und Darknet
- Offline arbeiten
- KeeperChat
- Sicherer Dateispeicher
- Importieren und Exportieren von Daten
- KeeperFill
- Logout-Timer
  - automatische Abmeldung von Keeper nach dem Ablauf eines Zeitintervalls
- Notfall-Zugang
  - Anderen vertrauenswürdigen Personen Zugang zum digitalen Tresor gewähren, falls der Nutzer verstirbt oder arbeitsunfähig wird

Die Nutzung dieses Onlinedienstes ist kostenpflichtig, wobei der Dienst 30 Tage lang kostenfrei genutzt werden kann. Nach Ablauf der Testversion stehen folgende Preismodelle zur Auswahl:[15]

- Keeper Unlimited: 34,99 € im Jahr (2,90 €/Monat), 1 Benutzer
- Keeper Family: 74,99 € im Jahr (6,25 €/Monat), 5 Benutzer
- Keeper Business: 45,00 € im Jahr (3,75 €/Monat), unbegrenzte Benutzer
- Keeper Enterprise: Der Preis wird bekanntgegeben, nachdem der Vertrieb kontaktiert wurde
- Kostenpflichtige Extras:
  - Sicherer Dateispeicher mit 10 GB (9,99 € /Jahr), 50 GB (39,99 € /Jahr), 100 GB (79,99 € /Jahr)
  - BreachWatch mit 16,99 € /Jahr
- Studenten/Schüler erhalten 50 % Rabatt auf Keeper Unlimited

---

[15] Vgl. keepersecurity.com (2021), o.S

3.2 Zusammenfassung des Vergleiches

Tabelle 2: Vergleich Passwortmanager

	KeePass	Keeper
Sicherheit	✓ starke Sicherheit ✓ AES 256-bit Ver-schlüsselung ✓ Löschen der Daten-bank nach 3 Fehlversu-chen	✓ starke Sicherheit ✓ AES 256-bit Ver-schlüsselung ✓ Zero-Knowledge-Si-cherheitsprinzip ✓ Löschen der lokal ge-speicherten Daten nach 5 Fehlversuchen (bei Aktivierung der Option Selbstzerstörung)
Zwei-Faktor-Authentifi-zierung	✓ Schlüsseldatei ✓ Windows User Ac-count	✓ SMS ✓ Google/Microsoft Au-thenticator ✓ RSA SecurID ✓ Duo Security ✓ KeeperDNA (IoT Ge-räte) ✓ Schlüsseldatei (Yubikey)
Passwortgeneratoren	✓ vorhanden ✓ einstellbare Optionen	✓ vorhanden ✓ einstellbare Optionen
Einrichtung	✗ komplex ✗ zusätzliche Funktionen sind nur durch Installa-tion von Plugins mög-lich	✓ sehr einfach
Benutzerfreundlichkeit	✗ altmodisches Design ✗ kein automatisches Synchronisieren der Daten	✓ modernes Design ✓ einfache Bedienung ✓ intuitives Dashboard

	✗ Ausfüllen der Formu- lare nur durch Tasten- kombination möglich	✓ sehr intuitive Browser- erweiterung ✓ automatisches Syn- chronisieren der Daten auf allen Geräten ✓ Unterstützung bei Passwortänderung ✓ breite Auswahl an De- signschemas
Funktionsumfang	✓ Basisfunktionen	✓ Basisfunktionen ✓ Zusätzliche Funktionen
Preis	✓ kostenlos	✗ kostenpflichtig ✗ jährliches Abonnement ✓ Testversion für 30 Tage ✓ Rabatt 50% für Stu- denten
Support	✗ Kein Support	✓ 24/7 Kundendienst ✓ schnelle Beantwortung von E-Mail-Anfragen ✓ Kundendienst auf Deutsch ✓ intuitives Chatbot un- terstützt bei Fragen ✗ telefonischer Kunden- dienst entfällt

Quelle: Eigene Darstellung

4. Kritische Betrachtung

Das Unterkapitel 2.2 vergleicht die Methoden zur Passwortspeicherung und gibt einen groben Überblick über die jeweilige Methode, bzw. über deren Vor- und Nachteile. Einen ausführlicheren Vergleich hätte den Rahmen dieser Arbeit gesprengt. Für den Vergleich wurden zwei Passwortmanager gewählt, die zurzeit von einer großen Beliebtheit und Anzahl von Nutzern profitieren. Einen umfangreicheren Vergleich mit mehreren

Softwareanbietern war aufgrund begrenzter Anzahl von Wörtern nicht mehr möglich. Für die Erstellung der Arbeit wurden hauptsächlich Onlinequellen verwendet, da durch die gestellte Fragestellung schwierig war, passende Literatur zu finden.

5. Fazit

Diese Arbeit hat sich mit dem Vergleich eines kostenlosen und eines kostenpflichtigen Passwortmanager beschäftigt. Die Tabelle 2 fasst die Vergleichskriterien zusammen und stellt die beiden Passwortmanager gegenüber, damit diese auf ihren Schwächen und Stärken verglichen werden können. Das Ziel dieser Arbeit war, die Entscheidungsfindung bei der Wahl eines Passwortmanagers zu vereinfachen und aufzuklären, ob es notwendig ist, kostenpflichtige Software zur Speicherung von Passwörtern einzusetzen. Der Vergleich stellte klar, dass sowohl kostenpflichtige als auch kostenlose Passwortmanager sehr sicher sind. Sie verwenden die stärksten Verschlüsselungsverfahren und ermöglichen die Authentifizierung durch einen zweiten Faktor. Wenn neben der Sicherheit auch andere Faktoren, wie beispielsweise eine einfache Bedienung, eine bessere Benutzerfreundlichkeit wichtig sind, und die Datenspeicherung in der Cloud kein Problem darstellt, dann sind kostenpflichtige Passwortmanager wie Keeper die beste Lösung. Sollten die Daten lokal und nicht bei einem Cloudbetreiber liegen, kann die Verwendung einer kostenlosen Software wie KeePass in Frage kommen. Für den privaten Gebrauch können die beiden Passwortmanager einen enormen Mehrwert im Umgang mit Passwörtern bringen. Für den geschäftlichen Gebrauch ist die Nutzung einer kostenpflichtigen Lösung zu empfehlen, da der Support gleichzeitig mit dem Kauf des Abonnements bereitgestellt wird. Darüber hinaus muss sich das Unternehmen nicht um die Installation und Wartung der Software kümmern.

Aus heutiger Sicht ist die Rolle von Passwortmanagern wichtiger denn je. Ihre Verwendung kann Zeit sparen, da sie die Generierung komplexer und starker Passwörter gewährleisten. Damit der Zugriff auf verschlüsselte Datenbanken besonders geschützt ist, ist es wichtig, ein starkes, aber leicht zu merkendes Masterpasswort zu erstellen. Wird das Masterpasswort in Kombination mit einer Authentifizierung durch einen zweiten Faktor verwendet, besteht keine Gefahr mehr, dass die Daten von Hackern gestohlen werden, jedoch muss sichergestellt werden, dass für die Zwei-Faktor-Authentifizierung eine Hardwarekomponente verwendet wird.

6. Literaturverzeichnis

Buchmann, Johannes (2016): Einführung in die Kryptographie, 6., überarbeitete Auflage, s.l.: Springer Spektrum, 2016

c't-Redaktion (2018): c't Security (2018) - Sicherheitsratgeber 2018 für Internet & PC, Hannover: Heise Media, 2018

Eckert, Claudia (2013): IT-Sicherheit - Konzepte - Verfahren - Protokolle, 8. Aufl., München: De Gruyter, 2013

Braun, Kristoffer; Dautermann, Andreas (2017): Ratgeber für Digitales – für einen sicheren Umgang mit Computer, Smartphone und Tablet, 2. Auflage, Mainz: Levato UG, 2017

Internet-Quellen

Bugiel, Sven (2021): So machen Sie Ihre Passwörter wirklich sicher, https://www.bmbf.de/de/so-machen-sie-ihre-passwoerter-wirklich-sicher-10806.html, Abruf am 05.06.2021

Rück, Cornelius (2020): Passwort Manager Vergleich - so verwaltest du deine Passwörter einfach und sicher, https://www.digital-affin.de/blog/passwort-manager/, Abruf am 26.06.2021

Gschwentner, Martin (2020): Password-Manager im Test: Keeper, https://www.experte.de/passwort-manager/keeper, Abruf am 18.06.2021

ionos.de (2018): Passwort Manager - die besten Tools im Überblick, https://www.ionos.de/digitalguide/server/sicherheit/passwort-manager-die-besten-tools-im-ueberblick/, Abruf am 05.06.2021

keepass.info (o.J): KeePass Features, https://keepass.info/features.html, Abruf am 12.06.2021

keepersecurity.com (2021): Keepers branchenführende Sicherheitsmaßnahmen, https://www.keepersecurity.com/de_DE/security.html?s=overview, Abruf am 18.06.2021

norton.com (o.J): Sind Passwort-Manager sicher?, https://de.norton.com/inter-netsecurity-privacy-password-manager-security.html, Abruf am 05.06.2021

Jäger, Moritz; Schmitz, Peter (2017): Beliebte Passwort-Manager im Überblick, https://www.security-insider.de/beliebte-passwort-manager-im-ueberblick-a-550710/?print, Abruf am 26.06.2021

Vollmer, Jan (2018): Was sind eigentlich Zero-Knowledge-Proofs?, https://t3n.de/news/eigenlich-zero-knowledge-proofs-1099164/, Abruf am 18.06.2021

Vilsbeck, Christian; Sternkopf, Matthias (2013): KeePass – kostenloser Password Manager, https://www.tecchannel.de/a/keepass-kostenloser-password-mana-ger,2019409, Abruf am 12.06.2021